As Memórias do Tempo

Frank Brown

Prefácio

Como um exercício social, o autor deste livro reúne alguns dos relatos mais perturbadores de 21 psicopatas condenados à morte e seus sentimentos como um último pedido para poder colocar seus sentimentos mais profundos no papel.

Todos foram executados dias antes de poderem ser entregues pessoalmente, a maioria deles em diferentes estados dos Estados Unidos. Os nomes foram retidos para a privacidade dos participantes.

*As opiniões apresentadas neste livro não refletem a forma de pensar do autor ou a plataforma onde é apresentada.

Índice

Condenado 1

Como gostaria de voltar aos anos passados em que fui feliz, quando queria realizar meus sonhos mais queridos, quando tudo parecia possível em minha mente. Quando você é criança, a inocência se apodera de você e os sentimentos nobres o acompanham, mas depende de como é sua educação, você começa a levar gradualmente essas experiências para o seu subconsciente e no tempo menos esperado sua personalidade começa a se formar com base em suas inclinações, seus desejos... e quando você menos espera, você se tornou um ser do bem ou um ser do mal, sempre em virtude de suas vivências, vivências, tratos.

Quando eu cresci, sem pensar nisso, eu já matava por drogas e dinheiro, isso é possível? alguns dirão Quando minha educação foi formada por uma boa educação, do nada comecei a me desviar do caminho certo, foi aí que entraram meus desejos que aprendi em algum lugar, desejos movidos pela visão ou outro sentido, certamente pela ganância-inveja e más companhias, não encontro outra explicação.

Agora que estou condenado à morte, digo a mim mesmo: "Você acha que Frank pode se arrepender antes de passar para uma vida melhor ou simplesmente pensa que irá para aquele lugar eterno onde Lúcifer fará cócegas em você com fogo...".

Às vezes penso que nascemos para nada, principalmente para fazer a mesma coisa que uma espécie: ir à escola, treinar, trabalhar, conhecer o cônjuge, mais trabalho, adoecer e morrer. Embora pareça estúpido, como humanos sabemos que isso nos preenche, mas de uma perspectiva às vezes acho que não me preenche, mas sabe? Eu gostaria de estar aí em liberdade, você não sabe como eu gostaria, de ser o ser mais feliz do mundo; Eu abraçaria minha filha se tivesse ela, beijaria minha linda esposa, mas sabe? Eu não consegui nem isso, falhei na lei da vida, caí nas drogas, mas tenho consciência que a culpa foi minha. Eu admito minha culpa;Matei mais de doze inocentes, e sim, por drogas, mas minhas decisões foram conscientes. Portanto, apesar do meu arrependimento, mereço ir se houver aquele lugar onde certamente meu castigo será horrendo. Às vezes sonho com aquelas pessoas que tirei suas vidas, pessoas inocentes que teriam constituído famílias... Aqui no corredor da morte, passei meses agonizando que uma injeção letal me espera..., dizem que não dói, mas como posso saber se os mortos não falam?

Tenho lido alguns livros ultimamente e eles me acalmaram. Ah, para falar a verdade, sinto que vou para o céu, mas... não sei, meu subconsciente me diz que, embora eu tenha pedido perdão por escrito a quem tanto magoei, sinto que no final Estarei sofrendo no fogo eterno.

Eu não queria estender isso como uma carta ou despedida, mesmo que seja uma despedida estúpida para todos, significa muito para mim. Pelo menos eu disse adeus a mim mesmo na minha solidão. Minha família? Hum, não quiseram contar a minha mãe a meu pedido porque ela está doente, muito doente, e eu preferia que fosse assim, é melhor ir sozinha sem lhes causar aquela última dor. Justiça finalmente será feita.

Se você me perguntar qual é meu único desejo, direi apenas obrigado por me permitir lhe entregar esta carta e espero que todos aqueles que pensam em fazer algo ruim pensem duas vezes. Não sou a melhor pessoa para dá-los, mas acredite, se você fosse matar com traição e vantagem, você poderia repetir minha experiência e acredite, no começo é um inferno, embora eventualmente você se acostume a viver em angústia e ansiedade até que a sentença seja executada por injeção letal, e isso dura pelo menos alguns meses ou anos onde a incerteza pode ser qualquer dia.

Se eu soubesse que me matariam oito meses depois de minha prisão, teria vivido mais feliz, mas todos os dias temia que esse dia chegasse.

Amanhã é minha execução às 11h45 da manhã, me disse o advogado federal, mas e daí! Estou feliz agora que pelo menos aqueles que foram feridos demais verão que finalmente foi feita justiça, e este infeliz pagará pelo menos em corpo, porque estou certo, muito certo em minha alma que quando a luz se apagar, do outro lado começará o verdadeiro castigo eterno.

Condenado 2

Esta carta deveria ser um sinal de arrependimento, como nos disse o jornalista que veio outro dia, propondo como última coisa, escrever uma espécie de carta e expressar "nossos mais sinceros e profundos sentimentos", mas, para ser sincero, não sinto remorso, sei que estuprei mais de oito mulheres e as matei, mas não sinto nenhum remorso total, talvez se disser que me arrependo seria hipócrita e a verdade é que não quero ser.

Não sinto que estou doente porque, se estivesse, não teria gostado de planejar o modus operandi quando concebi meus planos macabros e persegui minhas vítimas ... seus leitores podem dizer que sou desavergonhado, mas esse é o meu sentimento , provavelmente a perversidade tomou conta de mim alma e ser, Embora não tenha certeza se tudo isso surgiu porque na minha infância só sofri assédio e espancamento de uma figura paterna onde ele me proibia tudo por causa de sua religiosidade, fora o bullying que sofri na escola por muitos anos em decorrência da minha baixa auto-estima.

Na idade adulta, eu só sentia sentimentos reprimidos, eles não sabem o quanto eu odiava as mulheres, talvez fosse porque comecei a sentir um ódio excessivo por elas porque as olhava como malditas porque nunca tinha tido uma aos 45 anos, Senti ódio porque ninguém me olhava com os olhos, só porque eu era pobre, só porque não tinha nada de atraente em meu ser.

Ele me chamou de constrangido, de imbecil, de tolo pelo meu jeito de agir cheio de baixa auto-estima, mas eles não sabem como dentro de mim a maquinaria mental do ódio se lançou com vontade de desmembrá-los e torturá-los, mas e aí! para os meus 28 anos foi assim que tudo começou, numa tarde de verão. Lembro-me de dirigir meu Chevrolet 1973 por uma estrada de terra em Cleveland, Ohio, quando o demônio me atacou. Ao longe vi uma prostituta pedindo carona até o município mais próximo que ficava a uns 20 quilômetros de distância, naquela época eu nunca tinha tido experiência carnal com ninguém, nem ousava falar com uma moça, era tímido, mas eu os odiei, então, fazendo minha melhor cara, parei a van. A raposa, como eu os chamava na época, com um tom de voz sensual, me disse: "obrigado", Logo em seguida subiu e não sabem como senti a felicidade dentro do meu coração porque naquele momento meu ódio acumulado por mais de 15 anos começou a planejar algo; mate ela Então, a princípio, dirigi sem suspeitar do que minha mente doentia estava planejando, então desviei em uma curva.

A rapariga ficou imediatamente maravilhada, e disse-me: "ei não, vou para o próximo concelho, não para uma estrada de terra, e se queres sexo, pelo menos paga-me metade", disse ela num tom lacónico. Naquele momento eu disse a ele: "ok, no porta-luvas tem 100 dólares se você quiser ficar com ele", mesmo que você não valha a pena, eu disse essa última coisa em minha mente. Quando finalmente parei o Chevrolet ela começou a se despir, mas antes dela eu desci e bem aos meus pés encontrei um pedaço de madeira e cercando a caminhonete enquanto a cadela tirava o sutiã; Eu dei um golpe brutal em sua cabeça que a deixou completamente inconsciente.

Como eu morava sozinho na época porque meus pais morreram anos atrás, pude dirigir por uma estrada de terra solitária até a pequena fazenda que eu tinha. E assim foi, demorei 15 minutos em uma estrada acidentada até finalmente chegar. Ninguém me conhecia ou pelo menos ninguém conversou comigo sobre as casas mais próximas a cerca de 500 metros de distância, então foi fácil chegar lá sem levantar suspeitas.

Quando tirei a prostituta do carro, ela começou a acordar, mas imediatamente a amordacei e fiz coisas com ela que você nunca imaginaria, sei que pode ser muito perturbador para a maioria, mas farei isso o mais rápido e resumido o mais possível para servir de prelúdio Fiz o mesmo com os outros sete... Quando baixei, aquilo era novidade para mim, até mesmo o toque do corpo feminino produzia em mim uma certa aversão, assim como um certo prazer sexual só de tocá-lo. Olhei em volta procurando segurança, embora a pequena fazenda fosse cercada e protegida por centenas de árvores e grama ao redor, nunca poderia saber se um estranho estava andando por entre a vegetação, mas depois de alguns olhares não notei nada, então tomei ela para dentro de casa e eu a levei para o pequeno porão onde eu guardava as ferramentas, e com a ajuda de uma lamparina coloquei o corpo da prostituta algemado no fundo... Fiquei algumas horas assim, imaginando o que fazer fazer, o estranho é que naquele momento o ódio se transformou em um apetite sexual transbordante pelo qual eu disse a ela: "eu vou te estuprar" e sim, naquele momento eu a despi... nunca na minha vida eu tinha visto um corpo feminino nu, exceto em revistas pornográficas.

E se bem, nas revistas, a morbidez me excitava, de fato os órgãos genitais úmidos me pareciam estranhos quando os tocava e era difícil para mim ficar excitado no início por causa dos cheiros estranhos para mim, suponho que seja porque minha sexualidade tardia começou muito mal. .. mas o mesmo com tudo e que eu estuprei repetidamente, vindo inúmeras vezes. Então cansei de fazê-la minha a noite toda e... quer saber? Eu queria tê-la à minha disposição para sempre, mas sabia que poderia ser perigoso, então como diz um livro de, acho que de Clark Aston Smith: "Eu não queria prejudicá-los, só queria que eles não dissessem qualquer coisa...", e obviamente eu não queria testemunhas, mas sim, se não houvesse justiça eu a teria libertado, eu poderia totalmente roubar outra garota e continuar com meus estupros em segredo, mas você sabe , a lei às vezes obstrui desejos mórbidos.

Então repeti isso em estradas solitárias onde possivelmente haveria mulheres e não levantaria suspeitas. Naquela época tinha meninada no mato, correr e fitness virou moda, então eu tinha muito material pra escolher, então não perdi...

Às vezes eles me perguntam, quantos eu tirei suas vidas? e bem, honestamente eu poderia dizer um número exagerado, mas a matemática às vezes falha... Pode ser mais de vinte e quatro ou dobrar em um período de cinco anos... quando você experimenta uma fêmea pela primeira vez, torna-se um vício , pelo menos na minha cabeça assim eu senti, porque nunca mais consegui parar depois da primeira vez. Não sei por que não comecei mais jovem com isso, digo a mim mesmo às vezes. E isso é ruim porque isso significava uma coisa; assassinato.

E sim, eu sei que foi errado, mas pagar uma prostituta foi demais, se você não sabe, meu trauma é horrível, não consegui fazer sexo e ser julgada por minha performance, por meus órgãos genitais ou por meu físico eu não poderia não tolero que a puta vá embora e leve toda aquela informação, era algo impensável para mim, talvez não para outros, mas para mim um cara de 40 anos que nunca teve sexo paternalista nããão! então a única maneira de fazer isso era deixá-la inconsciente, desde que ela não olhasse para mim.

As últimas vítimas que eu queria vivas, então arranquei seus olhos antes de fazer a ação. Eu sei que é muito doentio vão dizer, mas pra mim é normal. Acho que de tanto repetir uma coisa vira rotina e depois normal. Espero que o jornalista não exclua palavras, são muitas páginas para uma carta conforme solicitado, mas total.

A minha família..., pelo menos fora os meus pais falecidos em 1997, não faço ideia do que seja... nem tenho justificação para não ter sido condenado à morte, o que importa, o que a justiça tem de fazer fazer, totalmente É disso que se trata a vida, viver, curtir, sofrer e morrer... talvez aquele jornalista gordo apague isso, mas você não sabe o quanto eu gostaria de sair esta noite para ultrajar uma daquelas vadias da vizinhança e faça o mesmo com eles; torturá-los, sei lá, e voltar para a cela de novo. Não pense que eu sou um monstro, é a minha rotina, bem era a minha rotina lá fora, pelo menos agora todo esse tempo para não enlouquecer Eu os imaginei, e diariamente dentro da minha mente eu matei um . Não pense que sou uma besta sem razão, claro que não! Tenho meus sentimentos, embora escassos, mas tenho. Eu sou fria como gelo, a psicóloga que me visitava me dizia várias vezes para que eu me resignasse e me preparasse psicologicamente, bah! Nunca tive medo de ser condenado à morte, sempre estive preparado para aquele momento, e agora muito mais, enfim, acho que vou deixar esta carta aqui, não vou me estender muito.

Vejo que não adianta, certamente muitos pensarão "e este idiota quer escrever um romance", bem não, eu nunca me importei com isso, e de alguma forma gostei de escrevê-lo, tive anos sem pegar uma caneta e fazê-lo... Eu só quero fechar os olhos e não sentir mais esta realidade. Afinal, talvez alguém lá em cima tenha piedade de mim e me passe diretamente para São Pedro e quem sabe, talvez até para o seio de Abraão eu seja levado embora. Lembro-lhes que a justiça às vezes funciona mal e às vezes muito bem, embora me julgando, acredito que todos nós cumprimos absolutamente um papel nesta vida, e talvez o meu tenha sido esse: morrer, mais uma estatística dos executados no Texas 1970 / 2016.

Condenado 3

Não sou a favor de palavras faladas, muito menos de palavras escritas, por isso espero ser breve. Quando aquele psicólogo e jornalista me pediu para entrar e fazer isto, eu não queria, mas disse: "Estou prestes a ser executado em dias, então qual é a diferença se eu escrever meus sentimentos". Ele me deixou com um esboço de perguntas que eu tinha que colocar e responder se eu quisesse em minhas próprias palavras, honestamente eu não incluí todas elas, mas vou responder as perguntas básicas.

Não acredito na vida após a morte, talvez seja porque espero que o que eles chamam de vida permaneça apenas isso; o fim. Uma vez terminada minha vida, não quero ou espero voltar à vida se o que as pessoas religiosas tanto professam for verdade. Não, espero que tudo isso termine do outro lado, uma vez executado. Lamento ter assassinado mais de 45 pessoas naquele tiroteio porque não o planejei bem, porque em primeira instância meu advogado me disse para me declarar com alguma doença mental como paranóia ou algo parecido, mas não! o que senti foi ódio, ódio este maldito sistema de tudo, e me declarei culpado consciente de tudo enquanto ria no banco dos réus.

Não se passaram muitos meses quando vários juízes pronunciaram a pena capital, e sim, estou feliz... Não quero parecer um psicopata, mas além do meu sorriso zombador, claro que sofri em silêncio! mas uma parte de mim não quer se arrepender, acredito que fiz justiça e se aqueles que me leram esta sentença, me julgam, não me importo. Como repito, não acredito em nada, nem nas religiões, não acredito naquela confusão de igrejas cheias de ouro em Roma onde seus súditos olham com olhos altivos os pobres que morrem de fome nas ruas, nem me chamo de ateu, simplesmente não me convém. Tenho 38 anos e o que sempre vivi foram humilhações, o que mais eu poderia pedir; nada. Fiz o que havia em mim, e agora não tenho mais nada a fazer senão esperar meu julgamento amanhã, onde tudo vai escurecer, onde os sons vão deixar de existir. Chamam isso de justiça, mas sabem, para mim é um presente, um grande presente porque de existir a ser preso e viver maus tratos, comida ruim, humilhações como quando eu era criança. Bah! que melhor do que voltar ao lugar de onde vim: a não-existência.

De qualquer forma, há 40 anos atrás, antes de minha mãe e aquele rapaz fazerem sexo, eu não existia em nenhum lugar, por isso não dói e não tenho medo de parar de viver. A dor estará lá, suponho que como ser humano sentirei medo nesses últimos momentos, mas é apenas uma reação fisiológica natural, mas dentro de mim sentirei felicidade porque é o que sempre quis e nunca me atrevi a fazer, cometer suicídio porque meu próprio corpo me impediu de fazê-lo, mas agora não tenho forças para impedir a justiça, por isso resignação e aplaudo a não-existência. 1982 - 2018.

Condenado 4

Não sei quem vai ler isto, mas honestamente não sei o que eles estão tentando fazer com nossas declarações de uma página, é tentar aconselhar os jovens a não realizar atos macabros para com a sociedade, digo, porque sei bem, pelo menos eu estava nessa situação, que quando você quer fazer algo de inútil quando o desejo já está enraizado lá em nossa mente, é difícil mudar de idéia.

Ouvi centenas de psicólogos, não sei, até me viciei em ler livros sobre auto-aperfeiçoamento e auto-ajuda, e a maioria deles eu acho que são apenas homens de palha, mentirosos, embora eu goste deles, admito... Vi quando saí da prisão terapeutas de casais traindo suas esposas e divorciados e depois dando conselhos a casais em situações difíceis para consertar seus casamentos, bobagem!

Não sei o que colocar nesta carta que fará parar aqueles caras que querem matar o vizinho, trair a esposa, roubar ou estuprar, porque sei que os seres humanos são assim, eles entendem até que já tenham feito o dano ou até que uma determinada situação os comprometa, há uma pequena porcentagem que raciocina primeiro apesar do ódio ou do rancor. Sei que é fácil dizê-lo do outro lado quando as emoções dessas pessoas são calmamente controladas, e os desejos não são os mesmos.

Lembro que em 1998, quando eu tinha 25 anos, uma tarde comecei a pensar em uma história erótica, depois de ver uma garota extremamente atraente. Isso nunca me havia ocorrido, era obviamente uma fantasia. Eu era feia e esquelética e, como era de se esperar, nunca me atreveria a dizer a ela "você será minha garota", então eu disse a mim mesma "para que serve o amor? que importa o amor se eu posso tê-los à força... Naquela época em que comecei a planejar como ultrajar as mulheres, era um pensamento que eu tinha sutilmente desde os meus 20 anos de idade.

Em mais de 10 anos de carreira psicopática, se posso chamar assim, assassinei e estuprei mais de 15 pessoas naquele tempo, porque ao fazer as contas fui preso em 13 de novembro de 2009 em uma batida na casa de minha mãe. Afinal, não me arrependo, eu sabia o que poderia estar reservado para mim se eu fosse preso. Nunca tive o cuidado de não deixar vestígios biológicos, sabes, sêmen, cabelos, impressões digitais. Eu não sabia nada naquela época, eu nem mesmo tinha mais do que uma educação secundária para acreditar que havia forense e outras coisas, mas quando cheguei aqui me formei um pouco e na década seguinte me formei com honras em direito, embora ao escrever esta carta eu omitisse tecnicidades porque eu quero que o meu verdadeiro eu passe.

A diferença da maioria dos psicopatas é que eu me apaixonei por minhas vítimas, eu fantasiava, e quando me aborreci, eu as assassinei. Eu as mantive vivas no porão da casa de minha mãe, que Deus a tenha em descanso.

Ela morreu no inverno de 2000 e foi aí que tudo começou. Para ser honesto, eu não planejei nada antes da morte dela, mas quando não tinha ninguém neste mundo eu disse: "o que posso perder, vamos fazê-lo". E realmente me deu muito prazer ser assim. Como eu estava dizendo nas linhas acima, quando você fecundou um desejo em sua mente, não há poder humano que possa tirar você dele, e quando você o fez uma vez que não há retorno, é como uma droga, é impossível parar; torna-se um maldito vício.

A primeira garota, a primeira vítima tinha 18 anos, ela era da escola San Perter no condado a cerca de 45 quilômetros da cidade onde eu morava, e bem, eu estava observando aquela escola de longe, eu não queria levantar suspeitas por causa do desaparecimento, então eu a peguei em um lugar solitário no caminho para sua casa, e a mudei para minha propriedade... Eu a mantive viva por cinco meses, ela foi a que eu mantive viva por mais tempo. Eu a amava, devo dizer, como eles dizem, e eu confirmo, o primeiro amor é realmente real, não importa quais sejam as condições. E ela era especial, infelizmente eu não podia mais mantê-la comigo, então, com toda a dor em meu coração, eu a estrangulei, ela era a única que eu não torturava, as outras eu infligia pequenas torturas nelas, embora não fosse tanto do meu agrado, meu objetivo era estuprá-las selvagemmente.

Às vezes me sentia mal, não tanto por minhas ações, mas por minha falta de remorso, tinha medo disso, me irritava não sentir remorso, pena das vítimas, só lamentava que elas tivessem morrido porque eu não teria mais prazer carnal.

Ainda sinto ódio por mim, talvez seja porque não matei mais porque não era suficiente para apaziguar meus demônios, eu queria belezas diferentes. Acho que vou terminar aqui... arrastando uma carta que não vai ajudar ninguém, acho que é uma perda de tempo para mim. Porque acho que tenho no máximo 48 horas antes de ser executado, e acho que vou usá-las de outra forma, acho que vou ler o livro ali o homem mais rico da Babilônia, mesmo que não tenha nenhuma utilidade para mim.

Sim, você vai pensar que é bobagem, mas bem, é um sonho que tive quando criança quando ainda tinha esperanças, mas agora aos 42 anos penso que... se você pensa em fazer algo mau, estupro, assassinato ou qualquer mal que lhe venha à mente, não lhe direi para não fazer, só sei que, se você for fraco de espírito e for pego, acredite, terá vontade de morrer, e se for pego por mãos vigilantes; você vai implorar por perdão, mas eles ainda lhe cortarão a cabeça e você se cagará naquele momento. Eu não me caguei porque não tinha mais ninguém e minha vida vale a pena, mas você provavelmente está e pensa diferente nesses momentos, então boa sorte em seus desejos que é o grande teste dos humanos quando chegamos a esta terra. O inferno é a Terra, e se realmente existe aquele lugar onde as igrejas perjuram, eu acho que será meu paraíso, meu paraíso eterno.

Condenado 5

Se havia uma lâmpada maravilhosa e me davam um desejo, eu só pedia um, ser feliz. Me arrependo de tudo de ruim que fiz. Desde a minha prisão. Dois anos atrás eu vivi um inferno nesta prisão, e acho que essa sentença de injeção letal é a melhor coisa que teria acontecido comigo, não acho que aguento uma sentença de prisão perpétua, só de pensar em uma vida trancada é horrível . Dizem que os psicopatas não sentem remorso, bem, eu sou um, e sou desses que, se eles sentem, dói em mim, mas é algo assim, eu não posso deixar de matar pessoas, eu sinto um impulso estranho para mim. Quando fiz isso... matei cerca de vinte e cinco em vários estados quando era caminhoneiro. Ia de costa a costa e quando olhava para as raparigas nas estradas era fácil enganá-las e depois enterrava-as nas estradas. Minutos antes de fazê-lo, você sente uma incrível descarga de adrenalina,

Eu sei que o perdão de um assassino para uma família que chora, esses outros, poderiam até me chamar de cínica, mas peço desculpas do fundo da minha alma a todas aquelas famílias que eu feri, não se preocupem, tenho certeza que Sofrerei depois da minha morte. Acredito que o inferno que Dante Alighieri descreveu em sua obra existe, minha mãe incutiu em mim a religião católica quando criança e acho que depois de tudo que fiz, não acho que irei para o céu porque minhas ações são miseráveis.

Minha mãe Susan Phillips..., se alguém que te conhece ler, quero que saiba que te amo, quero muito te ver de novo um dia e pedir desculpas, sei que vai ser impossível, mas no meu coração vai seja essa saudade, e talvez minha. Não era minha alma que estava contaminada, mas uma parte do meu cérebro físico, talvez uma parte danificada estivesse me levando a fazer aquelas monstruosidades. Peço a Deus que tudo acabe, que acabe o tormento. Quero redenção, mesmo sabendo que não há perdão para minha alma.

Condenado 6

Nunca gostei de escrever, mas acho que é uma boa oportunidade para deixar um recado, e pelo que aquele tal do jornal mencionou que a minha carta, o que quer que eu escrevesse nela, não seria apagada. Não tenho grandes estudos para fazer uma análise do sistema político que tanto odeio, então direi apenas que, se tivesse um poder imenso, destruiria o planeta. Quando fiz aquela filmagem em Nova York em 2013, lamento uma coisa, mas se eu não tivesse trazido vários calibres maiores comigo, talvez um calibre .50 e um arsenal teriam sido fenomenais naquele prédio, acredite, eu estava estúpido e apenas carrega um R15 e algumas pistolas. Se o presente eu cometesse essa atrocidade, garanto-vos que teriam sido contadas centenas, já que só naquela vez levei nove e muitos feridos. Eu sei que mereço, muitos dirão, mas não tenho remorso pelas vítimas porque todos que vivem no sistema merecem cair. Assim como eu, certamente há mais. Meu ódio é grande e vou omitir o porquê. Eu só sei disso para o inferno todo mundo. Se eu pudesse sair, imagine o terror que causaria. Eu sou um assunto perigoso, não me importo com nada além de ver a dor e o desespero de todos...

Esses caras acham que vão me matar, eu rio deles, porque hoje à noite vou tirar minha própria vida. Não vou deixar esses caras se safarem. Não há armas para fazer isso, nem nada para me enforcar, mas tenho feito pesquisas e acho que um corte preciso na aorta será suficiente para me sangrar à noite. Eu tenho uma escova de dentes que afio com os dentes há várias semanas, é afiada o suficiente para causar uma lesão profusa, então malditos sejam vocês.

Sentenciado 7

Não direi muito sobre mim, apenas que matei 14 mulheres e desmembrei 4 homens. Prefiro contar uma história que escrevi aqui na prisão, é curta gosto de escrever e espero que gostem.

"Um Chevrolet 1954 levantou poeira naquela estrada secundária no Alabama por volta das 18h30, ao longe o pôr do sol jazia em seu crepúsculo, enquanto uma música da Rolling Stone tocava na 98,9 FM... daquelas montanhas cercadas por uma imensidão de vegetação. Imediatamente um sujeito saiu do carro, sua aparência era imprudente e ele não tinha mais de 35 anos, logo após o banco do passageiro arrastou uma garota que estava deitada no banco reclinável, com certeza ele fez isso para que a garota não ser visto por olhares estranhos. A mulher estava chorando, implorando misericórdia. O homem a arrastou para aquela cabana no meio do nada. As horas daquela mulher eram terríveis, muito terríveis... ela a estuprava, insultava e torturava, e quando ela sentia nojo daquelas carnes fedorentas, desmembrou o corpo daquela vítima com uma serra.

O cadáver foi encontrado dois dias depois com marcas de óleo fervente por todo o corpo. A polícia fez investigações precisas para encontrar o assassino, mas não encontraram nada até algumas décadas depois, quando um cara chamado Bucky foi preso na fronteira do Alabama quando um policial rodoviário o parou com uma mulher sequestrada no porta-malas, pés amordaçados e mãos, e certamente para o mesmo destino. Bucky confessou ser o responsável pela onda de desaparecimentos de pelo menos 45 mulheres em mais de 15 anos. Ele foi condenado à morte, embora seu julgamento tenha durado mais de 5 anos, a justiça finalmente foi feita para aquelas mulheres que certamente estão no céu, e esse sujeito agora provavelmente está rangendo os dentes no inferno.

Eu queria escrever outro porque gosto muito de ler e penso, caramba! Não sei por que não comecei a aprender a escrever quando era jovem, se eu tivesse esse hobby naquela época talvez não fosse tão psicopata, mas tudo bem! Deixo-vos mais uma história minha, quem sabe um dia saberei do meu sonho, e de todos os escritos que tenho aqui debaixo da cama; Eles são publicados por alguma editora porque eu adoraria ser o Stephen King da prisão.

História do sentenciado 7

Não tenho a menor ideia de como tudo isso vai acabar. Eu gostaria que fosse uma daquelas histórias fáceis de contar, mas, para ser sincero, nem sei por onde começar ainda.

Isso parece loucura. Como eu gostaria de ir contra as leis do cosmos, mas sou simplesmente um ser que se rege pelas leis do cosmos. Acho que fugir não é uma opção. Ninguém nos pergunta se queremos existir ou fazer parte... e acho que é exatamente isso que nos faz realmente fazer parte do eletrizante jogo da vida; de não saber realmente como tudo vai passar pela linha do tempo. Um jogo fortuito de forças cegas fazendo dançar as forças do caos e da ordem numa dança infinita de nascer e morrer de renascer e voltar à poeira estelar.

Nunca acreditei no inferno, apesar de minha querida mãe sempre me dizer: "se eu não me comportasse bem, acabaria lá no castigo do fogo eterno". Eles sempre me pareceram absurdos, e fiel aos meus desejos tornei-me um ser dos piores. Eu era ateu, porque agora, apesar de ainda ser, o que ou o que me mantém neste pesadelo deve ser algo que eu nem consigo imaginar... mas disso falarei depois. Por enquanto vou começar a contar como cheguei aqui.

Como não lembrar daqueles verões fora dos majestosos palácios em Kish Sumer quando o grande rei Gladeusk governava e eu era seu filho. Mal naquela lua cheia do deus supremo minha mãe me concebeu com dores de parto. Que eu saiba não sabia nada da vida, era como qualquer ser que vem a este mundo pela primeira vez, e fiel ao caráter humano, aprendi a ser como a maioria que tem poder e o exerce da pior forma . Não economizei em fazer pessoas inocentes passarem pelo fogo e se alegrar com a dor dos outros. Coloquei aos meus pés as nações que se revoltaram, e isso foi pouco, fui o pior tirano que se possa imaginar. Eu me vangloriava no panteão dos deuses sumérios, os mais poderosos de acordo com a tradição incutida desde a infância.

Nos templos, desde cedo, louvamos o grande deus Anu e sua consorte Ki. A verdade é que adorei estar ao lado do pároco principal aprendendo a melhor forma de continuar a tradição e incutir lealdade e medo nos corações. Quantas luas sentei no trono! Não sei, o que me lembro é da minha morte traiçoeira. Centenas me odiavam e quem não odiava! depois de ser o pior tirano dos anais da Suméria, que chegou a ser apagado da genealogia cilíndrica da nação.

Quando você tem o poder, a glória e tudo a seus pés, o medo é algo que vai se perdendo, você pensa que é um deus, um deus imortal, ha! Mas, isso é apenas uma mentira simples e triste quando o perigo se apresenta.

O medo que eu não conhecia desde criança me visitou no crepúsculo daquela tarde em que fui traído por meus próprios homens, e só porque eu era um guerreiro habilidoso consegui escapar pelas colinas do rio Eufrates, mas apenas por algumas horas antes de finalmente me encontrar eles deram a morte, mas sim, meu corpo nunca poderia profanar.

Naqueles momentos em que a vida está deixando você, até o mais tirano se arrepende de suas más ações, mas é apenas por causa do desespero e do medo do desconhecido após a morte.

Antes de me jogar nas profundezas daquele desfiladeiro de água, eu tinha medo da minha maldade, mas era um falso arrependimento, eu sabia sem dúvida que quando eu morresse de acordo com a tradição suméria, eu seria um príncipe nos palácios de Anu. pela eternidade, embora também uma parte de mim, inconsciente onde reside a moralidade do homem me condenou.

Mas quando aprendi sobre a realidade novamente e me lembrei de quem eu era; Eu tinha cinco anos e ia a caminho de casa com a minha mãe... o que senti não foi terror, mas uma sensação fugaz da minha vida passada e sentimentos mistos, com detalhes arcaicos, mas detalhes mesmo assim.

E assim os anos se passaram E eu guardei esse segredo. No começo eu pensei que era louco, mas os hobbies e loucuras da minha vida passada vieram à tona como num passe de mágica, felizmente naquela época do século 19 eu não passava de um simples trabalhador em uma fábrica da Ford quando ela estava apenas começando. em 1913.

E eu não poderia ferir ninguém como fiz em seu tempo. Foi-se a devoção a divindades antigas e arcaicas que eram apenas isso; divindades de povos esquecidos pelo tempo... agora só me importava com o deus dinheiro, e fiel ao meu estilo virei contrabandista, e no final dos anos 50 era eu quem rivalizava com Al Capone.

Eu não havia aprendido a lição de milhares de anos atrás e continuei me comportando da mesma forma, escravo dos desejos e prazeres, independente de pisar em alguém para adquiri-los. Mas isso não durou muito Uma tarde, quando saía de minha residência em Chicago, fui assassinado com cinco tiros na cabeça.

O que aconteceu é que nem tive tempo de pensar no que aconteceria quando eu morresse... e a partir desse momento estou em perpétua agonia... como dizia no início, não sei sabe quanto tempo estou aqui, trancado em alguma coisa, numa escuridão insondável, onde não sinto corpo nem matéria, apenas minha mente embutida no nada, mas que pensa, que sente dor no espírito que é mil vezes pior do que na carne.

Sinto-me preso e acho que nunca passei por esse desespero antes quando morri.

Sinto que as forças do cosmos me aprisionaram, e apesar de não conhecerem o bem ou o mal, rotularam-me como uma criatura negativa à criação da vida e da morte onde mais prejudiquei do que ajudei a dar equilíbrio à vida... sei lá, são apenas conjecturas perversas onde um A verdade não aparece em lugar nenhum, mas o que eu sei é que estou preso em uma escuridão, onde a morte não está mais, mas a dor parece um inferno na vida, eu só me pergunto, será eterno? não há como abreviar minha vida como eu faria na terra, ou seja, chega de viver, não quero sofrer... isso não existe aqui, apenas uma sensação de existência alheia, mas enfim com suas memórias e experiências de suas duas vidas passadas...

Mas eu me pergunto onde estou? Onde vou? Eu não acho que este é o cemitério meu corpo na minha primeira vida a última sensação foi que eu estava passando por um rio afluente e caudaloso e dali a luz se apagou e vi um clarão e aí não soube mais até....

E aconteceu a segunda vida alheia às minhas crenças sumérias, e foi então, que tudo em que eu acreditava estava errado... Só espero que minha consciência se apague... Não quero mais sentir esse terror através do tempo onde não há não há espaço nem percepção de uma realidade presente só sei que existo, mas onde? Preferiria esse inferno de que falam todas as religiões a estar aqui, é mil vezes melhor, seria um paraíso estar a arder, pelo menos num lugar onde se ouvissem vozes e gemidos, um lugar como o inferno de Dante.

Mas, acho que não há ninguém lá fora que veja a moralidade dos homens e intervenha, Acredito que todos aqueles que fizeram o bem ou o mal depois da morte pagaram com a mesma moeda que eu; presos dentro de sua fumaça imortal como eu chamo o que eles dizem ser espírito. Acredito que a vida será assim, um eterno renascimento e morte, mas haverá um erro nos fios do cosmos ou por que estou aqui há incontáveis éons? pelo menos eu quero voltar à vida, seja sobre uma pedra, mas pelo menos em algum mundo habitado ou provido do jogo da vida dos elementos, tanto faz, mas preciso ver movimento, ação... Isso está além tédio, isso é agonia total e sofrimento.

Acho que ultrapassei o limite do desespero, passei o limite da resignação e voltei ao desespero onde todas as emoções de um ser se voltam para si mesmo, mas nenhuma delas me tranquiliza e sim, talvez, a mente existente não pesa, é etérea, mas o desespero é equivalente ao cosmos, é tão poderoso, mas não me tira daqui...

Ainda não foi executado 8

Eu não me importo de escrever algo, só direi foda-sepseudo jornalista. Eu só tenho essa frase, se eu tivesse ele na minha frente eu arrancaria as entranhas dele. Melhor ir entrevistar sua mãe, me deixe em paz. Já cansei de estar aqui por causa dessas leis estúpidas onde não escolhi nascer. Meu mundo ideal era um mundo sem leis, só prevalecesse a lei do mais forte, onde você pudesse fazer o que quisesse sem que o maldito governo e sua polícia interviessem, e só geram ódio por figuras de autoridade. Eu a odeio, se ela pudesse ter um poder e destruí-los me faria feliz. Eu odeio advogados de merda e seu sistema de justiça de merda. Não vou escrever mais nada, só vou esperar vocês no inferno, porque estarei me aclimatando lá para quando vocês chegarem. Farei o pior por vocês, seus miseráveis, e se tiverem a morbidez de ouvir quantos acabei, pouco mais de cem e foram poucos.

Condenado 9

Sinto-me um pouco estranho ao escrever-vos esta carta das profundezas do meu confinamento, onde o tempo parece ter parado há muitos anos e só posso contemplar o horizonte da minha própria existência, limitada e condenada a uma miserável cela de 2 x 4 metros. Talvez a minha forma de escrever seja um pouco estranha, devido ao facto de nos últimos anos ter lido muita poesia. É preciso dizer que é a única coisa que me acalma a alma. Provavelmente terão curiosidade em saber quem sou, quem era antes de o meu destino ter sido selado com sangue inocente, e as minhas acções, evidentemente: elas conduziram-me a este futuro sombrio.

O meu nome é Lucas Reynolds e, em tempos, tive sonhos e ilusões como qualquer outra pessoa comum. Como tantos outros ao longo da história da humanidade, a minha vida deu uma reviravolta, digamos assim; uma reviravolta sombria e tempestuosa, um pesadelo do qual não consigo acordar nem mesmo quando estou aqui. Sinceramente, não procuro justificar os meus actos perversos ou lavar as minhas mãos manchadas de culpa, pois sou mesmo isto, um monstro. No entanto, tenho consciência dos meus erros e de toda a dor e sofrimento que causei direta e indiretamente às minhas vítimas.

Nasci e cresci nas ruas frias e implacáveis de uma cidade esquecida. Digo esquecida porque foi assim que sempre me senti naquele bairro do Illinois. Desde tenra idade, a pobreza e a violência tornaram-se os meus companheiros mais próximos. Não conheci a ternura e a orientação de pais amorosos, mas sim a sobrevivência na sua forma mais crua dos meus padrastos e de uma mãe promíscua que não se importava e me abandonou aos oito anos de idade. E assim, com a antipatia a florescer dentro de mim, os meus passos foram desviados pelas tentações que o destino me oferecia, e fui arrastado para o turbilhão do crime, da droga e da morte.

As minhas mãos foram manchadas com sangue inocente em tenra idade, e não consigo escapar aos fantasmas que me assombram mesmo à noite. Cada vida que tirei durante esses anos deixou uma cicatriz indelével na minha alma, uma ferida que nunca sarará, até que a ordem seja consumada. Agora, a dias da minha execução iminente, sou honesto, enfrento os meus próprios demónios e a certeza de que o meu destino final é o castigo merecido pelos meus actos. Só tenho medo de chegar àquele lugar que todos evangelizam. Sim, se calhar já previam o que eu ia dizer. O inferno. Esse inferno é a única coisa que temo. Toda a gente discute se ele existe ou não. Mas só posso dizer uma coisa, que só estando desse lado é que saberei quem tem razão. Se os ateus ou os crentes.

Neste lugar sombrio, tive demasiados anos para refletir sobre a minha existência miserável e procurar a redenção nas palavras que agora vos dou. E tenho de agradecer ao jornalista, porque nunca ninguém me tinha abordado depois de eu ter sido notícia. É preciso dizê-lo também. Peço desculpa àqueles que magoei, mesmo sabendo que as palavras não podem apagar a dor que lhes causei. E é a expressão dos meus remorsos que, espero, possa aliviar em parte o peso da minha consciência, quando os meus olhos virem a escuridão.

E a solidão é a minha única companhia nestes últimos dias que sei serem agora os meus últimos nesta terra. Sinceramente, é melhor não ter família nestes destinos. Acredito que o destino não se enganou. Pelo menos ao dar-me uma mãe que me odeia, que nunca se preocupou comigo, pelo menos isso acalma-me a alma porque ninguém sofrerá com a minha morte. Pelo menos essa última dor física que vou sentir não é nada comparada com tudo o resto.

Não tive essa oportunidade desde que era jovem. Mas através da leitura, encontrei um pequeno escape nestes últimos anos, aqui na escuridão da cela. Os livros transportaram-me para mundos imaginários que nunca imaginei que existissem, onde a realidade se desvanece por um breve momento e sou completamente feliz. Por vezes, entre tantos mundos imaginários, pergunto-me se haverá um lugar onde o perdão seja possível para mim, onde possa purgar os meus pecados e encontrar finalmente a paz que tanto anseio. No entanto, assim que deixo de imaginar, o meu subconsciente sussurra-me que o meu destino será o fogo eterno, a tortura para sempre, e começo a chorar.

Creio que estas folhas são o meu último ato de despedida, a minha última oportunidade de enviar as minhas palavras para além destas paredes de betão e arame farpado. Agradeço-vos sinceramente por receberem os meus pensamentos e os meus lamentos. Se ao menos as minhas palavras pudessem ressoar nos corações daqueles que se desviam do caminho certo, talvez pudessem evitar todo o mal que está no caminho que escolhi. Ninguém nasce mau, são os caminhos que escolhemos...

Sei que já não me interessa a minha vida, enquanto tal. Mas, como ser humano, tenho dificuldade em dizê-lo abertamente para além da minha resignação. E isso é que amanhã, às 11:45 da manhã, a cortina final da minha vida terrena fechar-se-á. O meu corpo experimentará o descanso eterno que eu mereço e de que preciso. E não posso deixar de me perguntar se existe uma força superior lá em cima ou onde quer que eu esteja, um ser divino que me julgará no final da minha jornada. Se assim for, só posso esperar que encontre alguma compaixão no seu coração e tenha pena desta pobre alma que não pode ser feliz.

Agradeço-vos do fundo do coração todo o tempo que me dispensaram na leitura desta carta. O meu único e sincero apelo é que, ao conhecerem a minha história, considerem as consequências das vossas próprias decisões. Eu já não tenho futuro, mas tu tens... Não sigas o caminho negro que eu escolhi, pois só te levará à destruição, na melhor das hipóteses, e a remorsos se fores preso. Procura a luz em cada canto e o amor em cada coração que entra na tua vida, e talvez assim encontres o verdadeiro sentido da vida, da tua vida.

Com os melhores cumprimentos
Lucas Reynolds (1966-2023)
Lucas Reynolds foi executado por injeção letal em 29 de maio de 2023.

Foi inicialmente condenado em 2004 a 150 anos de prisão pelo assassínio de 8 jovens e violação. Mas em 2007, um júri federal reverteu o seu veredito e ele foi condenado à morte.

Condenado 10

Hoje não me apetece escrever, mas pelo menos vou escrever algumas linhas.

Há uns anos atrás, estava a cumprir uma pena de prisão perpétua, mas como tenho a certeza que sabem, estou praticamente no corredor da morte. Ah, horas, acho eu. Olhar para os candeeiros brancos faz-me subir a adrenalina. Os dois hambúrgueres que pedi, acabei de os provar, pá! Quem é que vai ter fome no seu último dia?

Bem, como devo começar, penso eu, como todas as histórias costumam começar. O meu nome é Luis Sandoval, um homem que foi condenado a prisão perpétua por um ato de violência incompreensível contra pessoas inocentes. Obviamente, não vou contar esses pormenores perturbadores, porque, como me disse aquele homem gordo, não precisávamos de incluir violência detalhada.

Mas, na verdade, ainda me lembro desse dia fatídico em 2007 com uma clareza incrível. O ar estava carregado de tensão e desespero, e eu sentia-me um pedaço de lixo. Foi no meio do caos em que me encontrava, movido pelo ódio e pelo desespero, que fiz o que fiz, e foi precisamente isso que selou o meu destino para toda a vida.

Como já disse, não vou relatar literalmente os massacres, mas gostaria de partilhar convosco uma anedota da minha vida, digamos, miserável, uma experiência que ficou para sempre gravada na minha memória:

Era um dia solarengo de verão quando eu tinha cerca de 9 anos. Lembro-me de vaguear pelas ruas poeirentas do meu bairro em Cleveland, vendo a vida passar por mim de forma fugaz. A minha única companhia naqueles anos era uma velha bola de futebol, que me proporcionava uma companhia maravilhosa e liberdade no meio da pobreza que nos rodeava. Lembro-me que, num canto do bairro, havia um pequeno parque abandonado com um velho equipamento de recreio roído pela passagem do tempo. Os seus baloiços rangentes eram testemunhas silenciosas da decadência que o rodeava. Apesar do seu estado, aquele lugar tornou-se o meu refúgio diário, o meu santuário onde podia esquecer por um momento as dificuldades da minha vida quotidiana.

Um dia, enquanto jogava com a minha velha bola de futebol, reparei ao longe na figura de um rapaz solitário sentado num dos bancos bolorentos. Obviamente, aproximei-me dele com alguma pena e acabei por descobrir que o seu nome era Daniel Lopez. O Daniel também vinha de um meio difícil, mas tinha um brilho nos olhos e um riso contagiante que iluminava o seu mundo e o meu e, passado algum tempo, tornámo-nos bons amigos.

Passámos horas juntos naquele parque esquecido, partilhando sonhos de infância, esperanças e jogos. Era como se naquele canto desolado tivéssemos encontrado um refúgio onde podíamos ser nós próprios, sem julgamentos ou barreiras dos outros. Durante esses anos, o Daniel ensinou-me o valor da amizade e a importância da empatia.

No entanto, com o passar dos anos, as nossas vidas tomaram direcções totalmente diferentes. No entanto, é preciso dizer que sempre guardei com carinho aqueles momentos de felicidade naquele parque até hoje. Mas a realidade apanhou-me, e fui apanhado num turbilhão de violência e desespero que me arrastou para a escuridão onde me encontro.

Hoje, 9 de janeiro, nesta cela fria e solitária, enfrento as consequências dos meus actos maus e perversos. Sem dúvida que a sociedade me julgou e condenou pelo terrível tiroteio que tirou a vida a quinze pessoas inocentes. E é bem merecido: eu sei-o. Não posso negar que fui eu quem puxou o gatilho e que a minha raiva cegou qualquer vestígio de humanidade dentro de mim naquele momento. Nem sequer foi planeado como tal, mas a culpa é minha.

No entanto, ao contrário do que muitos pensariam ou esperariam, até hoje, apesar de tudo isto, digo-vos: não me arrependo dos meus actos. Obviamente, não estou a justificar os meus actos nem pretendo procurar a simpatia de todos vós. Apenas, no fundo da minha alma, desejo que compreendam que, na estrada da vida, alguns de nós se perdem irremediavelmente sem direção, e que a nossa existência se torna uma condenação à morte irremediável.

A minha história não tem como objetivo justificar ou glorificar a violência de forma alguma. Pelo contrário, é um lembrete de que o mal pode habitar nos corações que menos se imagina. O mal pode surgir daqueles que um dia sonharam belos sonhos de amor, o mal pode surgir da mente mais pura, o mal pode surgir do desejo não realizado, o mal pode surgir da rejeição, o mal pode surgir de qualquer coisa.

Acho que não vou prolongar mais isto. Estava a tentar ler a minha carta, e nas últimas linhas acima: a minha voz estalou entre essas palavras. Mas antes de me despedir, gostaria de vos pedir que reflectissem sobre as vossas próprias escolhas e acções na vida que vivem. Aproveitem todos os momentos de felicidade que surgirem e nunca se esqueçam que todos nós somos capazes de cair no mal se nos deixarmos levar pelas nossas piores paixões.

Não posso dizer, seu amigo, mas posso dizer que para além disso não lamento. A minha escrita é para ti, se tens ódio contra o mundo, não magoes os outros. Porque isso não vai mudar nada, mas vai levar-te para um lugar onde os sonhos nunca florescem.

Luis Sandoval (1975 -2023)

Luis Sandoval foi executado por injeção letal em 9 de janeiro de 2023.

Foi condenado à morte em 2008, depois de ter morto 15 pessoas e ferido 12. Mas os recursos adiaram a sua sentença até que um tribunal federal rejeitou 10 recursos e o declarou assim.

Sentenciado 11

Quando aquele tipo me disse se eu queria participar, eu disse que sim. Que mais há a perder nesta maldita prisão de segurança máxima?

As minhas palavras podem parecer vagas e provocar emoções contraditórias em vós. Mas não se assustem, são apenas as palavras de um falhado.

Antes de mais, permitam-me que me apresente. Chamo-me Paolo Gerwes, tenho 49 anos e estou atualmente na prisão, aguardando a minha sentença de morte na câmara de gás. À medida que o próximo ano se aproxima, sei que o tribunal decidirá sobre o meu destino final e que enfrentarei a execução que tanto procurei evitar. Mas aqui estou eu, sem arrependimentos no coração e com um estranho sentimento de orgulho.

Na verdade, fui acusado de cometer uma série de crimes hediondos, e muitos verão este julgamento como um ato de justiça pelas vidas que arruinei. Acreditem em mim, não são poucas. No entanto, quero que compreendam que este pedaço de papel não é para pedir simpatia e esse tipo de disparates. Escrevo esta carta para partilhar convosco uma perspetiva diferente, um ponto de vista de alguém que não sei se tem um cérebro mau, mas que se entregou ao caminho do mal apesar de todas as consequências.

E não sei, mas desde que me lembro, sempre fui um bullie na escola, sempre senti uma inquietação dentro de mim, uma sede de poder e de controlo sobre os mais fracos. Apercebi-me de que tinha o poder de manipular os outros para satisfazer os meus desejos e ambições de uma forma rápida. E, na verdade, os meus primeiros passos neste caminho foram muito subtis, mas foram aumentando gradualmente. Tornei-me um mestre na arte da psicologia negra, usando a minha astúcia e carisma para atrair aqueles que se encontravam em situações vulneráveis, especialmente mulheres com problemas de autoestima ou que eram manipuláveis.

O meu ego tornou-se gigantesco com o passar dos anos nesta arte de persuasão. Não tinha medo de me aproveitar dos outros e de os usar como escravos no meu jogo retorcido de controlo da mente. Cada fraude ou ato malicioso que cometia enchia-me de uma estranha satisfação, alimentando o meu ego e confirmando a mim próprio que estava acima de todos os outros.

E o facto é que a sociedade vai, sem dúvida, julgar-me e condenar-me pelos meus crimes, mas isso já não me interessa. Mesmo ontem à noite, ainda consigo ouvir os gritos das vítimas e dos seus entes queridos, exigindo justiça. E eu digo-lhes sempre: esperem só um bocadinho, em breve encontrarei S. Pedro e ele mandar-me-á diretamente para o inferno, só que eu não serei capaz de o persuadir. Mas deixem-me ser sincero convosco, pelo menos por uma vez, mesmo perante esta condenação, não posso deixar de sentir uma espécie de alegria interior, uma gargalhada de satisfação por cada ato meu, cada vida que manipulei e destruí, foi uma obra-prima de poder e controlo. E eu regozijo-me imenso. Sei que o jornalista vai tirar coisas desta carta, mas quero dizer-lhe que se lixe, que deixe tudo transparecer.

Sei que pode ser difícil compreender como é que alguém pode encontrar satisfação no sofrimento dos outros, e também não pretendo justificá-lo. A minha mente está enredada numa complexidade que vai para além do que a maioria pode compreender. Mas quero que saibam que não estou a procurar o vosso perdão, misericórdia ou compreensão. Estou a partilhar a minha verdade, por mais negra e doentia que seja.

E sim, eu sei, eu sei... O julgamento que eu sei que está a chegar. E talvez seja uma demonstração de justiça para aqueles que foram vítimas das minhas acções, e eu sei que a maioria encontrará consolo e paz na certeza do meu castigo, atrevo-me mesmo a dizer que irão gozar atrás das janelas enquanto eu agonizo. Mas quero que reflictam sobre esta carta e considerem a complexidade da mente humana. Há entre nós aqueles que desafiam as normas e os limites estabelecidos, que encontram prazer naquilo que outros considerariam inimaginável. Enquanto outros vivem de acordo com a lei e não fazem mal. Mas posso dizer daqui que quase toda a gente, se não toda a gente, tem desejos psicopáticos, desejos de fazer coisas más e que, se não houvesse uma lei para os punir, tenho a certeza de que até tu estarias a andar com uma catana numa floresta atrás de uma vítima fraca.

E não, não tenho medo de enfrentar a morte, nem sequer sinto remorsos pelas vidas que tirei. Talvez eu seja um monstro, mas sou um monstro que encontrou uma estranha e perversa satisfação na sua própria existência. "E quem pode ter medo da morte: se a morte sou eu próprio?

Se me perguntassem se eu recomendaria que fossem como eu, responderia com um sonoro NÃO. Nem toda a gente nasce com os mesmos talentos, as mesmas qualidades. Alguns de nós nascem com algo diferente... mas ainda assim quero que reflictam sobre a complexidade da mente humana. Assim como podemos ir como ovelhinhas seguindo a maioria, também há ovelhas negras que não conseguem seguir essas directrizes. Por mais que tentem, haverá sempre um caminho que vos atrai como um íman. E mesmo que o desejes com toda a tua alma, não o conseguirás. E isso é um disparate sobre psicólogos e psiquiatras: ninguém conhece todas as mentes na perfeição. E eu só sei que não está muito longe.

Paolo (1963-2022)

Paolo foi executado na câmara de gás em 14 de setembro de 2022.

Foi condenado à morte em 1995, depois de ter violado e assassinado 12 mulheres. Foi um processo longo, mas finalmente foi feita justiça graças à celeridade do tribunal federal.

Condenado 12

Chamo-me Don Benito, tenho 57 anos e devo dizer que também faço parte do grupo de pessoas que vão falar um pouco de si e da sua condenação à pena de morte. Desde 2002, sou conhecido como um dos violadores em série mais doentios do estado do Oregon. Durante anos, espalhei o terror e o desespero na comunidade, até que fui finalmente apanhado graças à persistência de um corajoso agente da polícia, cujo nome desconheço.

Sei que os meus crimes são imperdoáveis e hediondos. Transgredi contra várias mulheres, e algumas foram privadas da sua existência. Deixei um rasto de sofrimento tanto para as vítimas como para os seus entes queridos. Quando fui a julgamento em 2004, fui condenado e sentenciado a mil anos de prisão. Uma parte de mim ficou um pouco consternada, mas outra parte de mim, durante anos, viveu para se divertir com o desamparo e o sofrimento das minhas vítimas, ou pelo menos com as memórias.

Mas, para minha infelicidade, em 2019, um juiz decidiu que o meu castigo não era suficiente para todo o mal que causei e fui condenado, juntamente com um júri, à cadeira eléctrica. Poder-se-ia pensar que isto me encheria de medo e remorsos, mas deixem-me surpreender-vos. No fundo do meu coração, não sinto o menor arrependimento ou medo da morte iminente. No entanto, sinto-me arrogante e presunçoso e quero gritar isso ao mundo, porque quando se é uma pessoa assim, e se faz coisas que se fazem muito bem, sente-se egomaníaco. Mas outra parte de mim sente-se mal, é o meu alter ego que sinto. Mas quem é que se importa? Em breve serei um saco de ossos debaixo do cemitério. E tenho a certeza que na outra vida.

Muito pelo contrário, pelo menos no meu caso, é que a vida atrás das grades me deu de alguma forma uma sensação de poder e controlo. Tenho visto a sociedade agarrar-se à ideia de justiça e castigo, enquanto eu me delicio com o facto de o meu nome ficar na história como o vilão que aterrorizou uma sociedade. Sei que pode parecer um pouco retorcido, mas sempre que ouço os sussurros dos meus crimes, sinto uma estranha satisfação. E sei que não é o mínimo que um tipo como eu pode esperar.

Segundo o que me disse o defensor público que me foi atribuído pelo Estado, a minha execução está prevista para 22 de janeiro de 2024 e, enquanto espero por esse dia, não posso deixar de me sentir superior àqueles que me consideram uma besta. Há piores do que eu nos escalões superiores do poder. Pelo menos sou vítima das circunstâncias que moldaram a plasticidade social e afectiva do meu cérebro na altura. Mas essas pessoas que se vangloriam no poder de serem grandes pessoas são as piores. Fazem depravações piores do que eu sem que ninguém os castigue.

Este escrito, que termino aqui, é uma demonstração do meu desprezo pela moral convencional e um convite a contemplar a complexidade do mal na natureza humana. Que, sem condições óptimas em todos os sentidos, se pode criar um ser humano abominável, embora na maioria dos casos não, mas há sempre excepções.

Dom Benito X (1967-2024)

Don Benito X espera ser executado a 22 de janeiro de 2024, no âmbito da violação de mais de 20 mulheres e do femicídio de cerca de 5 vítimas comprovadas. O Sr. Benito será executado na cadeira eléctrica às 17 horas.

Condenado 13

Conhecido pela sinistra alcunha de Bones, este assassino em série e feminazi preferia contar a sua história de uma forma peculiar. Por vezes falando na primeira e na terceira pessoa.

Era uma vez, numa casa de campo solitária perto dos bosques do Texas, um homem conhecido como The Bones, desconhecido de quase toda a gente, exceto de um detetive que o perseguiu durante décadas, que viajava pelas estradas solitárias do país como um camionista aparentemente vulgar. No entanto, por detrás da sua aparência magra e fraca e do seu sorriso disfarçado de bondade, escondia-se um monstro sádico e perverso que tinha tirado a vida a dezenas de mulheres e homens. Era bissexual e tinha uma predileção por mulheres, especialmente as estereotipadas chichonas. A maior parte das suas vítimas eram deste tipo de mulheres.

Em 1995, El Huesos tinha mais de 50 crimes hediondos na sua consciência, uma série de violações e assassínios que tinham aterrorizado o inconsciente das mulheres desde os anos 80, até 1998, quando foi preso. As suas vítimas eram mulheres inocentes que se cruzavam no seu caminho, na sua maioria mães solteiras que se prostituíam nos Estados Unidos.

Lembro-me de uma anedota em particular, numa noite escura e chuvosa, acho que em 1992. O Bones, ou seja, eu, deu boleia a uma jovem que tentava desesperadamente chegar a casa por volta das 23 horas. Ela não fazia ideia do que a esperava. Assim que pus os pés na minha grande caravana, a minha mente já tinha planeado o que lhe ia fazer. Dentro da minha velha carrinha, os desejos mais obscuros e perversos apoderavam-se de mim, alimentados por uma sede insaciável de domínio e controlo. E para evitar a prisão, não podia deixá-los vivos, sem mais nem menos.

E o facto é que, na altura, quando chegámos a um desvio da estrada para uma zona de difícil acesso e sem retorno, a jovem viu-se encurralada num pesadelo sem saída. Ainda me lembro dos seus gritos a misturarem-se com o rugido da chuva enquanto eu dava rédea solta aos meus instintos mais básicos. O seu corpo sem vida, lembro-me de o ter deixado enterrado naquele pasto, no bosque, naquela autoestrada interestadual. É óbvio que esta pessoa foi uma das vítimas que consegui identificar e que está registada. Não há maneira de dizer que não o fiz, mas também não há nada a ganhar negando-o.

Apesar da sua monstruosidade, El Huesos encontrou tempo para refletir sobre tudo o que fez. Na sua cela solitária, à espera da injeção letal que marcará o seu destino final, compreendeu a gravidade dos seus crimes e a magnitude da dor que causou.

Na sua confissão final, Bones procura o perdão da sociedade, do céu e de um padre. Declara-se totalmente católico e tem medo de ir lá para cima: para o inferno. Diz que leu as obras de Dante Alighieri e que, por vezes, à noite, corta os dentes de desespero ao pensar no que o espera. É por isso que espera ser consolado antes de partir. O seu sonho: renascer numa alma pura, libertar-se das correntes que o prendem a esta identidade cheia de um passado sombrio. Reconhece a monstruosidade dos seus actos e pede aos que ouvem a sua história que não cedam aos desejos obscuros que possam habitar dentro de si por qualquer razão ou experimentação, pois podem ser prisioneiros de algo sem retorno.

E quero dizer mais uma coisa. Que a sua história sirva de aviso e lembrete de como somos frágeis enquanto seres humanos e que, se não controlarmos os nossos pensamentos, podemos afundar-nos nisso: um impulso inato para fazer o mal.

Os Ossos serão condenados a 9 de julho de 2025, e só o destino poderá ditar se a sua alma encontrará a redenção.

O Osso (1958-2025)

Prevê-se que seja executado numa câmara de gás.

Condenado 14

Tenho dificuldade em começar a escrever estas duas páginas, pois não sei se mereço sequer as vossas palavras ou a vossa atenção, quem sou eu para o fazer, não é? Levei uma vida do pior..., e agora, com o peso dos meus crimes a esmagar-me, sinto a necessidade de confessar os meus actos mais hediondos e de não recusar o que esse jornalista me propôs. Devido ao meu aspeto temível, chamar-me-ão "El Calaverico". Não tenho qualquer desejo de exaltar o meu nome e, mais ainda, que os meus familiares, que tanto me amavam, se sintam de novo ofendidos por estarem ligados a mim.

Os meus primeiros crimes federais surgiram por volta dos 15 anos, como os sussurros de uma sombra que nos seduzem para a escuridão, e a partir daí nunca mais parei. Adorava o jogo e a droga, e todo o tipo de burlas, e depois comecei a ter pensamentos psicopáticos: um desejo de matar, de perseguir as minhas vítimas antes de as atacar sem piedade. Os gritos e o medo que eu provocava nelas enchiam-me de uma estranha satisfação. Alimentava-me da sua dor e do seu desespero.

Deixem-me partilhar convosco algumas cenas grotescas dos meus crimes macabros. Ainda me lembro como se fosse ontem. Era uma noite de chuvisco quando persegui uma jovem indefesa que regressava a casa a altas horas da noite, provavelmente depois de um dia cansativo numa fábrica. Segui-a furtivamente durante alguns minutos sem que ela me visse, porque a zona era relvada, e aproveitei cada momento em que o seu coração e o meu batiam mais depressa. Quando menos esperava, saí das sombras e subjuguei-a a uma agonia inimaginável. O olhar de terror no seu rosto ficou gravado na minha mente como um troféu macabro, e foi o primeiro de muitos. Tornou-se um vício imparável. E eu não concordo com os psicólogos, não me considero um psicopata, porque aqueles desejos eram apenas isso: desejos, que uma vez provados, eu amava. E é por isso que eu sempre disse: não caias em desejos perigosos, porque eles podem tornar-te escravo deles.

Alguns meses depois desse crime horrível, tive a audácia de entrar na vida de uma família feliz. Infiltrei-me na sua casa, observando cada pormenor da sua rotina diária. Deleitei-me com a ideia de quebrar a sua segurança e de lhes tirar a paz de espírito. Odiava o facto de eles serem felizes. Uma noite, enquanto dormiam tranquilamente, acordei-os com a minha presença sinistra. Os seus gritos encheram a casa enquanto eu me regozijava com o caos e o sofrimento que tinha causado, e o sangue espalhava-se por todo o lado. O meu aspeto de cadáver, com a pele magra e as olheiras, era ainda mais assustador.

Os meus vestígios de ADN e outras coisas levaram-me a confrontar as autoridades, que finalmente, após cerca de 3 anos de investigação, conseguiram apanhar-me e pôr fim ao meu reinado de terror. Estou agora a aguardar uma sentença de cadeira eléctrica em 2029, entretanto, ainda estou a cumprir a minha sentença de 550 anos.

Para ser sincero, não sei explicar porque é que me agarrei a este ódio que me consumia. O mais provável é que ninguém me amasse como homem, fui sempre enganado. Não tenho desculpas ou arrependimentos a oferecer, pois as minhas acções não podem ser justificadas de forma alguma. Talvez, nalgum canto retorcido da minha alma, eu sempre soube que este dia chegaria.

Enquanto esse momento não chega, consola-me a ideia de que a minha confissão pode servir de conselho aos jovens que querem ser espertos com a lei. Mesmo que nasçam e vivam em ambientes hostis e pensem que não há paz, pelo menos agora acredito que há esperança, mesmo para aqueles de nós que perderam todos os vestígios de humanidade.

Não espero que me compreendam ou que me perdoem, pois não mereço nenhuma destas coisas. Peço-vos apenas que tomem esta história como um aviso e um apelo à reflexão.

El Calaverico (não vou dizer a minha idade, direi apenas que tenho menos de 55 anos)

O homem cadavérico aguarda a sentença para a cadeira eléctrica a 29 de novembro de 2026, condenado pela morte de 25 mulheres comprovadas, mas acredita-se que tenha matado pelo menos outras 25 pessoas na década de 1990.

Condenado 15

Sou conhecido como "El Machete", uma alcunha que reflecte a arma que usei para perpetrar os meus crimes horríveis, cerca de 16 mortes, na sua maioria mulheres. Deixem-me partilhar convosco os pormenores arrepiantes do meu passado. Pelo menos, em termos gerais.

Desde tenra idade, fui consumido por um ódio doentio pela figura feminina. A minha timidez e baixa autoestima privaram-me da oportunidade de ter uma namorada ou de experimentar o amor e a aceitação que desejava na minha juventude. Talvez isto se deva a uma autoestima que foi esmagada pelo meu pai alcoólico e que eu carreguei para a minha vida adulta. Esta frustração e ressentimento transformaram-se numa raiva desenfreada que se aninhou dentro de mim e acabou por me levar por um caminho sinistro até ao que eu amava.

O meu mal manifestou-se numa série de crimes hediondos. Usando o meu machete afiado como símbolo de poder e controlo, perseguia as minhas vítimas com uma precisão implacável. É preciso dizer que eu tinha praticado com pequenos animais meses antes. Cada ataque era uma tentativa desesperada de descarregar a minha raiva reprimida, a minha sede de vingança contra todas aquelas mulheres que pareciam ter o que eu não podia ter e, incrivelmente, durante dias ou semanas, a minha sede de ódio era saciada. Na minha mente distorcida, justificava as minhas acções como uma forma de nivelar o campo de jogo e de me vingar da vida que considerava injusta para mim. Porque é que eu tinha isto, e sei que o meu pai tinha alguma coisa a ver com isto, mas já o tinha perdoado e não podia acusá-lo, embora no fundo soubesse que ele era o culpado, mas como disse: tinha-o perdoado, por isso, com as vítimas, saciei a minha sede de justiça.

Ao longo dos anos, causei demasiados danos a pessoas inocentes que o meu subconsciente me dizia serem culpadas. As provas e os casos contados somam mais de 24 oficialmente, mas já me esqueci na realidade, mas se fizermos consciência acho que passariam facilmente as 30 mulheres assassinadas, Entre os anos de 1985 e 2007, eu era o caçador implacável que se escondia nas sombras da noite, à espera que a minha presa caísse na minha armadilha mortal. Eu falava-lhes sempre com doçura e o que elas queriam ouvir e depois oferecia-lhes umas bebidas, algum dinheiro e boom, a morte.

Por estranho que pareça, devo confessar que o crime pelo qual fui preso não foi intencional. Naquele maldito dia, quando a polícia encontrou o corpo na minha carrinha, alegaram que eu estava a tentar escondê-lo. Mas essa afirmação é totalmente falsa. Encontrei o corpo à saída do lago onde vivia e, por estranho que pareça, acho que foi uma vingança cármica. Na minha paranoia, pensei que seria acusada injustamente, por isso pensei em enterrá-lo para me proteger. É que, que coisa, quando eu estava a executar pessoas não sentia medo, mas quando encontrei um cadáver à porta da minha justiça entrei em pânico como daquela vez.

Agora, enfrento uma pena de 1000 anos de prisão por alegadamente ter matado mais de 24 pessoas que obviamente confessei, mas um juiz recorreu e está a considerar a pena de morte por injeção letal. Tenho medo, sobretudo à noite, o meu coração dispara e há dias que não consigo dormir.

Apesar de tudo, peço-vos que não se percam na lógica distorcida da minha mente. Não há desculpa para os meus actos e foi exatamente isso que os psiquiatras sempre me disseram. Sou um monstro que causou uma dor incomensurável às famílias. Mereço o castigo mais severo que a lei me pode dar, mas, no meu íntimo, quero finalmente encontrar a paz, a paz de tudo isto.

Se há uma coisa que vos posso pedir, é que vivam a vida sem pensar no futuro, que sejam felizes em cada momento. Não sigam o caminho do mal e da violência. Que a minha história seja um aviso, porque para além da prisão, isto é sofrido na alma.

Hoje, rendo-me à justiça que me espera. Quer eu esteja completamente arrependido, quer eu esteja nesta situação que faz a minha mente pensar nisso. Porque tenho a certeza de que, se estivesse lá fora, continuaria a cometer crimes hediondos.

El Machete (1961 -2021)

Morreu a 23 de novembro em consequência de suicídio. Foi encontrado enforcado por um lençol. Pensa-se que se suicidou às 2 horas da manhã, enquanto todos dormiam. Não tinha família conhecida.

Condenado 16

Este condenado, apelidado de "homem das correntes", recusou-se a participar neste programa, pelo que vou escrever parte da sua história.

Vou contar-vos a história de um homem que insiste na sua inocência, apesar das provas esmagadoras contra ele. Ele é conhecido como "O Cadeirante do Texas", e seu nome é Gerson. Ao longo de seis anos, o Procurador-Geral Timothy Anderson e a sua equipa reuniram provas irrefutáveis que o ligam diretamente aos assassínios macabros de pelo menos 12 mulheres, com idades compreendidas entre os 19 e os 40 anos. Estes crimes cruéis ocorreram em diferentes condados de Massachusetts durante o período entre 1998 e 2005, ano em que este cobarde foi finalmente detido.

E é incrível que, apesar das provas de ADN e dos objectos encontrados na posse de Gerson, provas que o ligam diretamente aos assassínios de todas estas mulheres, ele continue a jurar e a perjurar a sua inocência em cada comparência. As suas palavras ecoaram na sala de audiências quando proclamou que nunca matou ou violou nenhuma destas mulheres. No entanto, o peso das provas apresentadas pela acusação parece ser esmagador, ou seja, quanto mais o Sr. Gerson afirma a sua inocência, mais provas foram encontradas ao longo dos anos.

O Estado ficou chocado com a brutalidade dos crimes cometidos por El Cadenero entre estas datas. Durante os seus ataques, costumava acorrentar as suas vítimas e submetê-las a torturas inimagináveis, sempre amarrado por uma grossa corrente na cave de uma velha casa herdada pelo seu bisavô, situada longe, nas montanhas.

O destino de Gerson está selado: é condenado à morte por injeção letal dentro de meses, com execução na câmara de gás prevista para dezembro de 2023. Apesar da iminência da sua execução, pede perdão às famílias das vítimas e à sociedade em geral, roe as unhas, invoca a sua inocência.... Insiste que foi cometido um erro. Mas, à medida que vão sendo apresentadas mais e mais provas contra ele, a credibilidade das suas palavras vai-se desvanecendo e já vários juízes negaram qualquer investigação adicional sobre a sua inocência. É um tipo de 1,74 metros de altura, com um ar inocente, mas é exatamente isso que o torna mais assustador.

A questão que se coloca agora, à medida que a sentença se aproxima, é se Gerson está verdadeiramente inocente de tudo aquilo de que é acusado e se existe alguma possibilidade de estas provas serem incorrectas ou manipuladas por alguém. Para já, o júri deu o seu veredito e a condenação é definitiva.

O Cadenero (1976-2023)

Condenado 17

Tenho a alcunha de El Cuchillo Loco, não direi o meu nome por razões de segurança, não o digo por mim, mas por um familiar que ainda me ama.

Fui capturado em 2009, sou um assassino precisamente na tentativa falhada de raptar uma jovem que viria a ser mais uma estatística. E foi durante a investigação deste caso que as autoridades descobriram um segredo sombrio e macabro em minha casa. Mais de vinte corpos de homens e mulheres foram encontrados em vários estados de decomposição, revelando a extensão sombria dos meus crimes. O ódio que sentia pela raça humana levou-me a fazer isto, digo-o desde já sem hesitação. O ser humano é um monstro e, como tal, precisa de ser caçado. Eu era o predador e eles eram a presa.

Agora, enquanto aguardo a minha sentença de morte, que ironia da vida, o caçador caçado, e pelo menos não morrerei na cadeira eléctrica, mas através de uma injeção letal de brometo de pancurónio. Isso significa que, pouco a pouco, a minha respiração irá abrandar até parar completamente. Não conheço o perdão, nem o quero conhecer. Escrevo isto apenas para me aborrecer, nem mesmo os espancamentos e as torturas me fizeram arrepender. Mas isso não importa. A palavra de um homem mentalmente perturbado já não tem importância.

Numa parte da carta, este sádico assassino em série, apelidado de "A Faca Louca", conta em grande pormenor como seleccionava as suas vítimas, como gostava do seu sofrimento e como se regozijava com o seu poder de lhes tirar a vida. Cada página da sua carta está impregnada da sua mente perversa, revelando o seu prazer na tortura e o caos que provocava na comunidade. Obviamente, por razões éticas, não integrei nestas páginas os relatos de muitos deles.

À medida que se aprofunda nas suas histórias de mais de 15 páginas, justifica os seus actos hediondos argumentando com uma infância marcada pela negligência e pelo abuso nas suas palavras. Afirma que a sua sede de sangue é uma resposta à indiferença e rejeição que experimentou durante a sua infância, embora mais tarde acredite que nasceu para isso. Para ele, estas mortes são uma forma de vingança contra o mundo que o rejeitou.

Mas a sua confissão não se fica por aqui. Este psicopata, com uma arrogância arrepiante que ultrapassa a ficção, desafia a sociedade e as autoridades a condená-lo o mais rapidamente possível. Não quer esperar até 1 de setembro de 2030. Afirma que a morte não o assusta, que está disposto a enfrentar o seu destino sem remorsos nem medo, que para ele o inferno e essas coisas são um disparate. O seu objetivo não é encontrar a redenção ou o perdão.

Esta carta confessional, cheia de pormenores retorcidos e emoções perturbadoras, é uma janela para a mente de um verdadeiro monstro. E é por isso que as excluí, devido à selvajaria da sua narração, colocando apenas a parte introdutória.

Com estas palavras, conclui a sua confissão, deixando-nos com uma sensação de profundo horror e inquietação: "se eu pudesse sair daqui, não duvides, conhecerias o significado da dor na sua expressão mais completa".

A faca louca (possivelmente 1960-2022)

O assassino em série apelidado de Faca Louca foi morto numa luta dentro da Prisão Federal de Scrabort em 21 de julho de 2022. Ele foi esfaqueado 67 vezes por uma faca de cebola, curiosamente chamada de faca de cebola, uma faca usada para cortar carne, depois de assassinar um membro de uma gangue dentro da prisão. Em retaliação, os membros do gangue vingaram-se 11 meses depois. A sua única filha é a única pessoa que se lembra dele com carinho, porque lá fora ele ainda bate na mente das suas vítimas sobreviventes.

Condenado 18

George, outro prisioneiro condenado, recusa-se a escrever. De facto, recebeu-nos na sua cela, ameaçando-nos de morte. Disse-nos literalmente: "Deixem-me sair em serviço de guarda, quero dar cabo deste animal". No entanto, vou contar-vos algo sobre ele.

A história de George X, um homem que deixou uma marca de violência e terror na sociedade dos anos 1980. Desde a sua detenção em 2000, ganhou a reputação de ser um dos reclusos mais perigosos e sádicos da prisão onde se encontra detido. A sua figura imponente de 1,80 m e o seu corpo atarracado, bem como os seus olhos cheios de ódio, fazem dele um homem a ter em conta,

George X, cujo nome completo não podemos revelar por razões de segurança, tem demonstrado um comportamento extremamente violento e perturbador durante o seu tempo na prisão. Os seus actos macabros, como enfiar garfos nos próprios olhos, chocaram os guardas e o pessoal da prisão, que se viram obrigados a tomar medidas especiais para garantir a segurança dos outros reclusos. Este tipo não teve qualquer escrúpulo em assassinar impiedosamente dois reclusos a 20 de janeiro de 2014, o dia em que foi autorizado a tomar banho de sol com dois reclusos violadores e assassinos. Só precisou de um minuto para os matar com um lápis. Um deles foi esfaqueado no olho com o lápis, provocando uma hemorragia cerebral, e o outro foi atirado de cabeça para o passeio. George, de 50 anos, tem uma força enorme.

A sua pena inicial foi de 2.000 anos de prisão pelos crimes terríveis que cometeu contra 29 mulheres de várias idades, mas pensa-se que matou pelo menos 100 ao longo de uma década, possivelmente sem contar com muitos homens. No entanto, é importante referir que as torturas a que as submeteu se prolongaram durante meses e da pior forma, demonstrando a extrema crueldade dos seus actos. Só graças a uma rusga em flagrante delito é que os corpos das vítimas foram descobertos, pondo fim ao seu reinado de terror nos Estados Unidos.

O seu modus operandi era viajar por todo o território americano, geralmente por estradas solitárias, em busca de mulheres.

É arrepiante saber que George X planeava continuar o seu terrível caminho de destruição, tendo como alvo mais 30 mulheres, especialmente mulheres brancas. As suas motivações e o sorriso malévolo no seu rosto apenas aprofundam a natureza perturbadora do seu ser. Trinta fotografias de vítimas locais que ele aparentemente conhecia de vista foram encontradas no seu apartamento nos arredores de Manhattan.

No dia 30 de abril de 2025, George X enfrentará a sua sentença final: a câmara de gás. Será um dia em que a justiça esperará pôr fim às suas atrocidades e garantir que ele nunca mais poderá causar danos. No entanto, a sua recusa em partilhar mais pormenores nesta carta apenas reforça a sua atitude desafiadora e o seu desprezo pela sociedade e pela vida humana.

É importante notar que este relato não pretende glorificar ou celebrar os actos de violência de indivíduos como George X, mas sim lançar luz sobre a realidade das suas acções e o sofrimento que causaram.

George X (1973-2025)

Condenado 19

Sempre gostei de ler, mesmo antes de vir para este sítio. E durante anos escrevi alguns textos, canções e poemas.

Hoje escrevo-vos aquela que poderá ser a minha última carta. Chamo-me Margarito S e só agora, ao escrever esta carta, apercebi-me da dimensão dos danos que causei.

Aos 67 anos, estou prestes a enfrentar a sentença final pelos crimes terríveis que cometi. Quando se é velho, a resignação à morte já é evidente, e eu não tenho medo dela. Desde a minha primeira vítima, quando tinha apenas 18 anos, até à minha 55ª detenção, fui facilmente culpado de 350 violações e 13 assassínios. É difícil exprimir por palavras o remorso e a culpa que agora me invadem. Porque nem eu próprio os consigo identificar.

Durante muito tempo, fui movido por impulsos obscuros e doentios que me levaram a cometer actos sem coração. Na minha mente, o mal tornou-se o meu companheiro constante, e uma vozinha dentro de mim dizia-me sempre: faz isso Margarito, não te vai acontecer nada, essas pessoas merecem ser castigadas pelos seus pecados. Mas agora, neste momento de lucidez que a iminência da minha partida me proporcionou, quero exprimir o meu mais profundo arrependimento. Sim, leste bem, o meu arrependimento.

Sinto uma tristeza imensa pelas vidas que toquei e pelos corações que despedacei ao longo das décadas. Cada uma das minhas vítimas tem cicatrizes indeléveis e, por isso, hoje encaro a realidade da minha condenação sem procurar desculpas ou justificações. Eu teria marcado uma data para mim próprio: já me teria matado. Infelizmente, ainda faltam 11 meses para a minha execução.

É neste ponto que também vos quero confessar que desejo manter a minha figura anónima quando partir deste mundo. Não procuro notoriedade nem quero que o meu nome seja recordado como o grande psicopata. Só quero que as minhas vítimas e os seus entes queridos possam encontrar algum grau de paz quando me for feita justiça. A fama ou o legado infame de um assassino em série não me interessam minimamente.

Se eu pudesse voltar atrás no tempo e impedir que a minha sombra escurecesse a existência de outros, fá-lo-ia sem hesitar. Gostava de não ter nascido com este mal dentro de mim e arrependo-me profundamente de não ter encontrado uma forma de canalizar as minhas emoções e frustrações de uma forma mais positiva e construtiva.

Nestas linhas no papel, quero que a minha mensagem seja clara: o mal que semeei no mundo não tem lugar na sociedade. Temos todos de nos unir para prevenir e proteger os mais vulneráveis das garras da violência e do sofrimento. Espero sinceramente que os meus actos sirvam de alerta e de recordação da importância de cuidar e valorizar os nossos semelhantes.

Com estas palavras, despeço-me de vós. Que o meu legado seja recordado como um aviso, como um apelo à reflexão e como uma motivação para trabalhar por um mundo mais seguro e mais humano. Àqueles que magoei, peço perdão do fundo do meu coração. Que encontrem consolo e paz na vossa jornada de cura para todos vós.

Arrependido de todo o coração

Margarito

Margarito S foi executado em 05 de março de 2021 por ter sido considerado culpado da violação de pelo menos 300 mulheres em confissão e de 13 homicídios comprovados entre 1987 e 1994.

Condenado 20

Permitam-me que partilhe convosco a história de um homem chamado Javier, conhecido nos meios de comunicação social como "El Cochi". Aos 58 anos, está preso e aproxima-se o dia em que será executada a justiça pelos seus crimes hediondos. À medida que os seus dias na prisão vão chegando ao fim, Javier reflecte sobre o seu passado. E, tal como muitas histórias antes dele, também ele está profundamente arrependido, nas suas próprias palavras.

Javier reconhece que a sua alcunha, "El Cochi", se deve à sua reputação de predador implacável. Durante muitos anos, alimentou os seus desejos obscuros, cometendo actos inimagináveis de violência e crueldade com animais, e depois começou a praticá-los com mulheres em particular, uma vez que a maioria destes tipos são femicidas. As suas acções não só deixaram um rasto de vítimas, como também deixaram um buraco na sua própria alma, como ele próprio admite.

Na sua cela solitária há 15 anos, segundo testemunhos dos guardas e dele próprio, Javier passa longas noites a chorar e a lamentar o mal que causou. Enfrenta a terrível realidade de que as suas vítimas não podem recuperar as suas vidas, nem ele pode desfazer o mal que causou. Apercebe-se de que, na sua busca de poder e controlo, perdeu completamente a sua vida. Quando o vi, pude ver que lhe faltava um dos olhos, que ele me disse ter sido porque, em desespero, o picou com o dedo até o rebentar. Também se podem ver dezenas de arranhões que ele infligiu a si próprio. Ele diz que há meses em que não dorme até 4 dias por causa da ansiedade e do medo.

Com o passar dos dias, Javier afunda-se em pensamentos profundos de desespero. Pergunta-se como é que se tornou tão monstruoso e porque é que não conseguiu parar a tempo. Reconhece que a sua falta de empatia e a sua propensão para a violência eram uma parte negra e perversa do seu ser, mas lamenta profundamente não ter procurado ajuda, não ter lutado contra os seus demónios interiores. É preciso dizer que, no seu arrependimento, Javier sente um profundo desejo de mudar o passado, de fazer escolhas diferentes. Ele sabe que nunca poderá compensar as suas vítimas ou aliviar a dor que lhes causou, mas sonha com um futuro em que outros não caiam na escuridão que ele habitou.

A partir do confinamento da sua cela, Javier escreve cartas a organizações de prevenção do crime e de apoio às vítimas, embora não tenha saído da sua cela, vivendo aparentemente num mundo surrealista na sua mente.

Apesar do seu passado negro e da sua reputação como um dos criminosos mais perigosos, Javier lamenta sinceramente não ter feito melhor. Nas suas últimas palavras, pede às pessoas que ouvem a sua história que não deixem que os seus próprios demónios interiores as consumam, mas que procurem ajuda e lutem contra as forças que ameaçam destruí-las.

O dia da execução aproxima-se e Javier vai finalmente enfrentar as consequências dos seus actos. Enquanto caminha em direção ao destino que o espera, leva consigo um arrependimento sincero e o desejo de que a sua história possa ter um impacto positivo naqueles que a ouvirem.

Javier, conhecido como el cochi, suicidou-se em 19 de janeiro de 2017, engasgando-se propositadamente com um pedaço de maçã.

Sentenciado 21

Para concluir este livro, quero partilhar convosco uma história única de redenção e transformação. Esta história centra-se num indivíduo chamado Roberto Mendez, que outrora estava perdido na maldade, mas que encontrou o caminho do arrependimento.

Roberto, na sua juventude, cometeu erros terríveis e esteve envolvido em 5 assassínios. No entanto, durante o tempo que passou na prisão, teve uma epifania que mudou completamente a sua vida. Apercebeu-se da dor e do sofrimento que tinha causado a outras pessoas e decidiu assumir a responsabilidade pelos seus actos.

Durante anos, Roberto dedicou-se à sua reabilitação pessoal. Procurou o apoio de profissionais, participou em programas de terapia e concentrou-se no seu crescimento espiritual. Ao trabalhar sobre si próprio, descobriu uma paixão pela justiça e por ajudar os outros. Passados cerca de 7 anos, tornou-se advogado.

Depois de cumprir a sua pena de 20 anos, Roberto decidiu utilizar a sua experiência passada para ajudar a prevenir a criminalidade e prestar apoio às pessoas que foram vítimas de violência. Tornou-se um defensor da paz e da segurança, trabalhando em estreita colaboração com organizações comunitárias e autoridades locais para criar programas de prevenção da criminalidade e de apoio às vítimas. É um exemplo claro de que um potencial psicopata transformado em violador em série pode mudar.

Atualmente, Roberto continua a trabalhar arduamente para construir um futuro melhor para si e para os outros. Através do seu testemunho e das suas acções, mostrou que as pessoas têm a capacidade de mudar e crescer e que o perdão e a redenção são possíveis mesmo nas circunstâncias mais difíceis.

Esta história de transformação recorda-nos que cada indivíduo tem o potencial de renascer e de se tornar uma força positiva no mundo. Através do arrependimento, do esforço e de um desejo genuíno de mudar, podemos ultrapassar os nossos erros passados e contribuir para um futuro mais esperançoso.

Mais do que um livro propriamente dito, trata-se de uma compilação de algumas cartas e dos sentimentos de alguns assassinos e psicopatas condenados à morte pelo Estado, nos quais expressam em algumas linhas os seus sentimentos mais profundos. Quase todos eles foram executados até à data.